AF381535

DOMINA LA COMUNICACIÓN NO VIOLENTA

Los trucos para emplear la CNV en el ámbito laboral

Por Véronique Bronckart
Traducido por Laura Bernal Martín

Coaching 50MINUTOS.es

LA COMUNICACIÓN NO VIOLENTA EN EL ÁMBITO PROFESIONAL   9

EL ABECÉ DE LA COMUNICACIÓN NO VIOLENTA EN EL ÁMBITO LABORAL   13

¿Qué es la Comunicación No Violenta?

Las etapas de la Comunicación No Violenta

La jirafa contra el chacal

Pistas para una Comunicación No Violenta

Los comportamientos que hay que evitar

LOS MEJORES CONSEJOS   35

PREGUNTAS FRECUENTES   39

¿Qué es la Comunicación No Violenta?

¿Para qué puede servirme la Comunicación No Violenta?

¿La Comunicación No Violenta solo es útil en caso de conflicto?

¿Cómo puedo poner en marcha un proceso de Comunicación No Violenta?

¿A quién va dirigida la Comunicación No Violenta?

¿Qué impacto puede tener la Comunicación No Violenta en mi vida profesional?

¡AHORA ES TU TURNO!   45

Ejercicio 1 — El balance actual

Ejercicio 2 — La aplicación de la CNV

Ejercicio 3 — La autoevaluación

PARA IR MÁS ALLÁ   55

LA COMUNICACIÓN NO VIOLENTA EN EL ÁMBITO PROFESIONAL

- **¿Problemática?** ¿Qué actitudes hay que adoptar para aplicar un proceso de Comunicación No Violenta en la empresa?
- **¿Utilidad?** Prevenir la violencia, abordar las situaciones conflictivas de manera constructiva, favorecer la colaboración y optimizar las relaciones profesionales.
- **¿Contexto profesional?** Relaciones profesionales, gestión de equipo, trabajo en equipo, desarrollo personal y profesional.
- **¿Preguntas frecuentes?**
  - ¿Qué es la Comunicación No Violenta?
  - ¿Para qué puede servirme la Comunicación No Violenta?
  - ¿La Comunicación No Violenta solo es útil en caso de conflicto?
  - ¿Cómo puedo poner en marcha un proceso de Comunicación No Violenta?

- ¿A quién va dirigida la Comunicación No Violenta?
- ¿Qué impacto puede tener la Comunicación No Violenta en mi vida profesional?

Tarde o temprano tenemos que enfrentarnos, tanto en la esfera privada como en el ámbito laboral, a tensiones de diversa naturaleza. La oposición de intereses o de puntos de vista entre personas, así como los conflictos —a menudo cargados de emociones—, merecen toda nuestra atención. Aunque no son nada agradables, sí que resultan útiles si aprendemos a comunicarnos y a sacar lo positivo: a través de ellos, en realidad, aprendemos, cambiamos y construimos nuestras relaciones con los demás.

Sin embargo, con demasiada frecuencia tendemos a adoptar una mala actitud ante estas discrepancias, algo que puede entrañar más consecuencias negativas que el conflicto en sí mismo: violencia relacional, física o psicológica, dirigida hacia los demás o hacia nosotros mismos. Pero, ¿por qué actuamos así? ¿Qué hacer para no reaccionar de forma instintiva cuando nos enfrentamos a un desacuerdo? ¿Cómo mejorar nuestros vínculos sociales o profesionales para colaborar con total serenidad?

Prueba el método de la Comunicación No Violenta para encontrar respuestas bien pensadas y constructivas a tus problemas relacionales. Este método te ayudará a salir del círculo vicioso que crean las conversaciones dañinas, marcadas por la ira, la venganza y la violencia, siendo consciente de tus sentimientos, de tus deseos y de tus actos.

EL ABECÉ DE LA COMUNICACIÓN NO VIOLENTA EN EL ÁMBITO LABORAL

¿QUÉ ES LA COMUNICACIÓN NO VIOLENTA?

Una cuestión de terminología

Comunicar de forma no violenta implica que el interlocutor demuestre empatía, compasión, cooperación y respeto hacia la persona a la que se dirige. Actúa con benevolencia hacia sí mismo y hacia los demás. El término «no-violencia» lo popularizó el movimiento de Gandhi (guía espiritual indio, 1869-1948) y en la época se refería al hecho de interaccionar con el otro sin hacerle daño. Esta noción se basa en dos postulados:

- todos tenemos necesidades fundamentales;
- todos somos capaces de mostrarnos benévolos con los demás.

Definición

La Comunicación No Violenta (CNV) es una marca registrada que reúne los conceptos y los métodos elaborados por el psicólogo estadounidense Marshall B. Rosenberg (1934-2015) en los años sesenta. La define como un modo de comunicación que asocia el lenguaje, la forma de pensar y las competencias en términos de comunicación, y que permite estar en consonancia con uno mismo. Comporta dos partes —el «yo» y el «otro»— y se organiza en torno a cuatro etapas ineludibles basadas en la observación, el sentimiento, la necesidad y la petición.

PEQUEÑO PLUS

Para evitar emplear el término «violencia», que a veces puede interpretarse erróneamente, también se habla de comunicación consciente o empática.

El objetivo es mejorar la comunicación desarrollando actitudes neutras, como la escucha, la observación y la identificación de sentimientos y necesidades, tanto los de uno mismo como los de los demás. Cabe señalar que no se trata de fijar reglas que haya que seguir a toda costa, sino de entender y establecer puntos de referencia para aprender a expresarse con benevolencia.

Podemos observar tres formas de utilizar la Comunicación No Violenta:

- comunicarnos con nosotros mismos para entender lo que pasa en nuestro interior (autoempatía) y darnos cuenta de nuestras propias necesidades;
- comunicarnos con el otro, favoreciendo la comprensión y la aceptación del mensaje;
- recibir un mensaje del otro y escucharlo para facilitar el diálogo.

¿Cuál es su utilidad?

«Todos hemos aprendido a hablar, pero no necesariamente a comunicarnos. Nuestras relaciones degeneran demasiado a menudo en relaciones de fuerza, tanto en el contexto privado como en el profesional».

Teniendo en cuenta esta afirmación, la Comunicación No Violenta nos enseña a analizar los comportamientos, las necesidades y los deseos de cada uno y a expresarlos mejor. Así, permite mejorar nuestra manera de comunicarnos y resolver conflictos de forma constructiva y positiva negociando compromisos, luchando así contra la rivalidad y privilegiando la colaboración. Para hacerlo se vale de la asertividad basada en la autenticidad, es decir, el hecho de atreverse a expresar lo que sentimos y lo que deseamos en lo más profundo de nosotros y a respetar nuestras propias necesidades y valores, evitando siempre que asomen nuestras emociones inconscientes, como la vergüenza, el deber o la culpabilidad.

Instaurar esta práctica en una empresa contribuye a aumentar el bienestar de las personas que la conforman y, como resultado, su rendimiento. Resulta especialmente útil en períodos de estrés y de crisis. De hecho, estos son momentos clave en los que los gestores y los trabajadores necesitan comunicarse de manera positiva para establecer relaciones de confianza y cooperar de forma satisfactoria.

La Comunicación No Violenta limita los juegos de poder y suaviza las tensiones en el seno del equipo. Al mismo tiempo, devuelve la motivación a los empleados y te aclara tu relación con ellos cuando te ves embargado por las emociones.

Impacto de la Comunicación No Violenta

LAS ETAPAS DE LA COMUNICACIÓN NO VIOLENTA

Existen cuatro fases necesarias para que la Comunicación No Violenta sea un éxito en la resolución de conflictos: observar, expresar nuestros sentimientos, expresar nuestras necesidades y pedir. Es importante seguir este camino.

Observar

La primera etapa consiste en observar un hecho o un comportamiento concreto que afecta nuestro bienestar. Se trata de considerar esta situación objetivamente y sin prejuicios, y de preguntarse después qué nos molesta de la misma. Esto nos permite extraer diferentes aspectos, como:

- observaciones objetivas (las que hemos podido detectar sin, aun así, sacar conclusiones);
- evaluaciones;
- interpretaciones.

Estas dos últimas son legítimas y pueden expresarse con la condición de precisar que son subjetivas y no reales. Por consiguiente, es conveniente distinguirlas de las observaciones objetivas. Se aconseja no juzgar realmente a la persona, a riesgo de ofenderla, lo que la cerraría a toda conversación.

Formulaciones recomendadas:
«He observado que el informe aún no está terminado». Aquí hacemos hincapié en un hecho observado. Al contrario, el comentario «veo que aún no has acabado el informe» puede considerarse como una crítica personal con trasfondos

tales como «estás retrasando la elaboración del informe, es tu culpa, etc.».

Asimismo, «veo que aún no has ordenado los expedientes» sería mejor acogido que «no eres nada ordenado, ¡dejas los expedientes por todas partes!».

Finalmente, privilegia: «me he fijado en que tu volumen de ventas ha disminuido esta semana» a «¡esta semana no has alcanzado un buen volumen de ventas!», porque esta frase conlleva un juicio sobre las facultades de tu interlocutor.

También es importante reconocer y distinguir los distintos tipos de conflictos:

- **el conflicto de intereses.** Un individuo posee intereses múltiples que se oponen entre sí y que pueden alterar la motivación de los demás;
- **el conflicto de poder.** Todos buscan aumentar su toma de poder a expensas de los demás;
- **el conflicto de relación.** Las personas no tienen la misma definición de su relación entre sí;
- **el conflicto afectivo.** Los sentimientos o las emociones de las personas se oponen;
- **el conflicto cultural.** Las personas tienen una visión diferente del mundo, de los valores, de los pensamientos o de los modos de vida.

Poder identificar los problemas te permite afrontarlos mejor. Como podrás ver en el siguiente capítulo, no existe una sola buena manera de enfrentarse a las distintas situaciones: hay que adaptarse constantemente.

Expresar nuestros sentimientos

En la segunda etapa es conveniente identificar los sentimientos que experimentas ante la situación y expresarlos, diferenciándolos de tus interpretaciones y de tus prejuicios. La Comunicación No Violenta también te invita a desarrollar tu inteligencia emocional y a explorar y compartir tus sentimientos (la sorpresa, la curiosidad, el miedo, la frustración, la tristeza, etc.). Es crucial que te escuches y que entiendas lo que sientes y por qué. Al aprender a conocerte y a reafirmarte, lograrás que los demás te comprendan. De hecho, para tu interlocutor es más sencillo mejorar

su comportamiento si es consciente de las reper-
cusiones que tiene en ti. También es importante
dejar que el otro exprese sus emociones.

Formulaciones recomendadas:

«He observado que el informe aún no está terminado y me preocupa, porque...».

«Veo que aún no has ordenado los expedientes, y
me molesta mucho porque...».

«Me he fijado en que tu volumen de ventas
ha disminuido esta semana, y me preocupa
porque...».

CONSEJO

No temas revelar tus sentimientos por pu-
dor o por miedo a la mirada de los demás.
La afirmación de uno mismo es la primera
etapa para encontrar soluciones que res-
pondan a tus expectativas. Enmascarando
lo que sientes lo único que harás será apla-
zar el problema.

Expresar nuestras necesidades

Generalmente, pensamos que las situaciones
o los acontecimientos son los que provocan

nuestras emociones o nuestras actitudes. No obstante, demasiado a menudo ignoramos que nuestras necesidades son un vínculo intermedio entre nuestros sentimientos y los comportamientos de los demás. Es muy importante reconocer, asumir y expresar nuestras necesidades, nuestras frustraciones y nuestros sentimientos. Se revelan espontáneamente a través de nuestras emociones (miedo, ira, tristeza, etc.) y pueden desencadenar un efecto «espejo» sobre tu interlocutor. Al suscitar la empatía en este último, podrás llegar más fácilmente a una zona de entendimiento. La Comunicación No Violenta no puede concebirse sin un intercambio o una escucha activa y empática de las necesidades de cada uno.

Formulaciones recomendadas:

«He observado que el informe aún no está terminado y me preocupa, porque tengo que reunirme con el cliente esta tarde y me gustaría hablarle de él…».

«Veo que aún no has ordenado tus carpetas, y me molesta mucho porque nos cuesta encontrar los proyectos…».

«Me he fijado en que tus números de ventas han disminuido esta semana, y me preocupa porque no se alcanzarán los objetivos del mes…».

Los obstáculos que nos ponen dificultades a la hora de expresar nuestras necesidades pueden ser de diversa naturaleza: la educación, el contexto social o familiar en el que evolucionamos, la timidez, el miedo a no saber qué palabra utilizar para expresar mejor nuestros sentimientos o nuestras necesidades, el miedo a que nos critiquen o no nos comprendan, etc.

Pedir

Ha llegado el momento de formular tu petición de manera concreta, realista y positiva. Una petición abierta, sin exigencias pero negociable, permite pasar más fácilmente a la acción con el fin de satisfacer las necesidades de cada uno. El formular tus necesidades en este momento —es decir, después de las tres primeras fases— hace que sea negociable. No te muestres agresivo/a, demasiado exigente, amenazante, autoritario/a o manipulador/a, o correrás el riesgo de que tu interlocutor sienta miedo o se frustre.

> **Formulaciones recomendadas:**
> «¿Podrías acabar el informe antes de mediodía para que pueda hablar sobre él en mi reunión de esta tarde con el cliente? Así podríamos cerrar

antes el expediente».

«¿Puedes ordenar los expedientes hoy para que podamos encontrar los proyectos en marcha? Ganaríamos muchísimo tiempo».

«Me he fijado en que tu volumen de ventas ha disminuido esta semana, y me preocupa porque no se alcanzarán los objetivos del mes. ¿Crees que podrás enderezar la curva antes de que se acabe la semana para evitar pérdidas financieras?».

Para te escuchen, tu petición debe ser:

- **activa y positiva**, porque es importante pedir lo que queremos y no lo que no queremos;
- **consciente y explícita** para evitar cualquier interpretación errónea;
- **simple, clara y precisa** para que se entienda correctamente;
- **desprovista de toda forma de autoritarismo o de exigencia,** como la que se desprende de frases que empiezan por «hay que» o «tienes que», para evitar la sumisión o la desobediencia de tu interlocutor.

LA JIRAFA CONTRA EL CHACAL

En el marco de la Comunicación No Violenta, Marshall B. Rosenberg utiliza a dos animales para ilustrar nuestras actitudes hacia los demás.

- **La jirafa** es el símbolo de la CNV. Tiene un gran corazón y es muy alta, por lo que abarca con la mirada todo lo que está a su alrededor. En el contexto de la CNV, estas dos características (benevolencia y altura) le permiten tomar distancia para analizar las situaciones difíciles y prever acciones a largo plazo. Es empática y se afirma con sinceridad, expresa abiertamente sus sentimientos y escucha a los demás. Representa el lenguaje del corazón y su objetivo es crear una relación serena y respetuosa con los demás.

- **El chacal (o el lobo)** participa en el juego de poder. Diagnostica, juzga, clasifica, etiqueta y exige. Tiende a querer controlar a los demás mediante la manipulación o jugando con sus sentimientos. Representa la violencia en una relación, porque su lenguaje se basa en los juicios, la crítica, la manipulación y la dominación. Muy a menudo lleva a la confrontación y al conflicto.

PISTAS PARA UNA COMUNICACIÓN NO VIOLENTA

Para que te hagas una idea más clara de lo que realmente implica un proceso de Comunicación No Violenta, intenta proyectarte en las situaciones que te mostramos a continuación. Se sugieren soluciones concretas a cada una de ellas.

Lo que bloquea la situación	La actitud correcta
Tu interlocutor actúa con mala fe.	Multiplica tranquilamente las preguntas para hacerle hablar y para que se dé cuenta de sus contradicciones. A continuación, di que su comportamiento no te parece compatible con la búsqueda de soluciones. Pronuncia tus necesidades.
Tu interlocutor te critica sistemáticamente.	Recibe las críticas con calma. Escucha a tu interlocutor hasta el final, sin intentar cortarlo. Procura entender su verdadera intención. Rechaza que te encasillen y pide hechos precisos. Reconoce las críticas que te parezcan bien fundadas y responde a las que no lo sean.
Tu interlocutor es agresivo.	Mantén la sangre fría. Escúchale pero no des ninguna muestra de complacencia. Toma la iniciativa con determinación sin subir el tono. Intenta determinar lo que esconde su actitud (incertidumbre, falta de confianza, necesidad de reconocimiento, etc.). Deja que exteriorice su ira siempre que no supere los límites de lo aceptable. Si te insulta o te amenaza físicamente, interrumpe la conversación. Cuando haya pasado la tormenta, hazle entender que no eres su enemigo y que sinceramente deseas llegar a una solución común. Introduce el «nosotros» en tus palabras para implicarle en la resolución del problema.

Lo que bloquea la situación	La actitud correcta
Tu interlocutor se mantiene pasivo.	No te des por vencido pensando que todo está perdido. Si el otro se comporta así se debe, sin duda, a que le resulta difícil comunicarse, a que le cuesta expresar sus emociones o a que está indeciso. Hazle preguntas, tranquilízale, anímale a que hable. Muéstrate acogedor y evita forzarle a que hable.
Tu interlocutor parece boquiabierto.	«¡Y ahora esto! ¿Algo no va bien entre nosotros? Si me lo hubiese imaginado...». O la persona se está haciendo la tonta, o realmente vive en un mundo ajeno al que le rodea. Detalla metódicamente la situación, ofrécele hechos y ejemplos concretos y utiliza las técnicas de la Comunicación No Violenta para hacerle comprender el problema.
Tu interlocutor te reprende.	Tu interlocutor te juzga multiplicando los principios a los que, según él, no respondes. Utiliza las preguntas y la reformulación para demostrarle hasta qué punto su comportamiento es estático e intolerante. También puedes adoptar una actitud de espejo devolviéndole tus propios preceptos morales.

Lo que bloquea la situación	La actitud correcta
Tu interlocutor es incoherente.	Palabrería incesante, dispersión, impaciencia… a tu oponente le cuesta relajarse y ordenar sus ideas. Mantén la calma y no malgastes tu energía inútilmente. Centra el diálogo en los objetivos mutuos y haz pausas y resúmenes parciales para señalar cada propuesta positiva. Asegúrate de que la otra parte te acompaña en el proceso. Muéstrate tranquilizador y seguro de ti mismo.
Tu interlocutor se concentra en él mismo.	Se queja, insiste en sus esfuerzos personales y en sus necesidades sin tener en cuenta las de los demás. No te escucha y la única solución que le parece satisfactoria es la que él propone. No te enfades e insiste en la necesidad de llegar juntos a una solución. No cedas a la presión aceptando con demasiada rapidez algo solo por «hacer las paces». Otra solución: hacerle comprender que si los dos os mantenéis fijos en vuestros propios objetivos nunca encontraréis soluciones.

Lo que bloquea la situación	La actitud correcta
Tu interlocutor está angustiado.	Dramatiza y se autoflagela. Ayúdale a centrarse en los hechos objetivos y desapasiona el conflicto. Esfuérzate por adoptar un enfoque pragmático y propón un método de trabajo y un calendario. Demuestra que confías en él y que eres consciente de que existe una solución posible.
Tu interlocutor te echa.	¿Qué derecho tiene esta persona a impedir que te expreses libremente? Intenta saber más haciéndole preguntas. Si es imposible cualquier tipo de comunicación, la relación se ve, por desgracia, comprometida, ya que no puedes obligar a nadie a que hable contigo.

Durante la conversación

- No utilices el «tú», porque le da un sentido acusador a tu frase.
- No juzgues ni hagas críticas.
- No des órdenes ni pronuncies amenazas.

- **Negar el conflicto:** al negarlo, transmites una imagen de persona orgullosa («somos un equipo demasiado bueno como para que haya conflictos») o de persona temerosa o cobarde («me dan miedo los conflictos y prefiero no verlos»). Si actúas así, te arriesgas a que el conflicto vuelva a surgir más tarde. Aceptarlo es el primer paso que conduce a su resolución.

- **Rendirse ante un conflicto:** al abandonar, transmites una falta de autoconfianza o un carácter débil, que no desea intervenir en un litigio. Es muy probable que las personas que te rodean te vean como una persona demasiado buena, y esto en ningún caso permitirá que se arregle el conflicto.

- **Ser violento física o psicológicamente:** al serlo corres el riesgo de dar la impresión de que quieres dominar y disfrutar del conflicto. Sin embargo, tienes que saber que el enfrentamiento violento no hace más que empeorar las cosas. Hace que nazca el rencor y el deseo de venganza.

- **Juzgar:** esto puede ofender a tu interlocutor y cerrar el diálogo. Por ello, has de mantenerte neutro y apoyarte en hechos. Por ejemplo, en vez de decir «no te implicas», di «te he notado poco motivado en las últimas tareas que te he dado».

LOS MEJORES CONSEJOS

- Mantente tranquilo y abierto al diálogo.
- Identifica la fuente del conflicto o del desacuerdo.
- Habla de la situación utilizando el «yo» y no el «tú». Privilegia frases del tipo «no me siento apoyado en esta tarea» en vez de «¡nunca me ayudas!». Emplea también el «nosotros» cuando evoques la solución.
- Identifica y expresa lo que sientes prestándole atención a los términos que utilizas, que no definen explícitamente las emociones. De hecho, a menudo tendemos a expresarnos a través de giros como «tengo la sensación de que...». No obstante, estos representan más bien nuestra interpretación del comportamiento del otro. Por ejemplo, en lugar de decir «tengo la sensación de que me abandonas», di «me siento abandonado y me entristece».
- Reconoce y manifiesta tus miedos durante el diálogo. Tendemos a disimularlos, pero esto nos impide reconocer nuestras necesidades reales y, así, llegar a soluciones.

- Justifica y explica tus necesidades para que se entiendan bien. Por ejemplo, «Me gustaría que llegaras puntual porque interpreto tus retrasos como una falta de respeto».
- Sé benévolo y escucha a los demás.
- Negocia acciones concretas y útiles por el bien de todos.
- Expresa claramente tu petición evitando dar órdenes. Por ejemplo, en lugar de «a partir de mañana, quiero que ordenes todos los expedientes», mejor di: «¿podrías encargarte de ordenar tus expedientes a partir de mañana?».

LO QUE HAY QUE SEÑALAR

Para que el proceso funcione realmente, es necesaria:

- la atención y la escucha de tu interlocutor;
- una voluntad de favorecer el diálogo y la cooperación.

PREGUNTAS FRECUENTES

¿QUÉ ES LA COMUNICACIÓN NO VIOLENTA?

La Comunicación No Violenta es un proceso de comunicación basado en la empatía y en el respeto a uno mismo y a los demás. Favorece la comprensión y la aceptación de los mensajes en un marco benevolente y tolerante entre dos partes opuestas. Resulta de la combinación de un lenguaje verbal, corporal, de una forma de pensar y de unas habilidades comunicativas. Cada individuo debe observar los hechos sin juzgar, diferenciar sus sentimientos de sus interpretaciones y expresar sus necesidades más profundas con el fin de formular una petición concreta y realizable para el bien de todos y de la empresa.

¿PARA QUÉ PUEDE SERVIRME LA COMUNICACIÓN NO VIOLENTA?

El objetivo de la Comunicación No Violenta es mejorar nuestras relaciones con los demás de forma constructiva y positiva y resolver los conflictos despertando empatía, compasión y comunicándonos de forma respetuosa. Al aprender a conocernos mejor y a entender a los demás, ganamos en confianza y en bienestar. Una mejor comunicación en la empresa limita los juegos de poder y la competitividad y favorece la cooperación. Tanto el equipo como los rendimientos del mismo se verán beneficiados por este método. También se preconiza en el marco de la prevención del *burnout*.

¿LA COMUNICACIÓN NO VIOLENTA SOLO ES ÚTIL EN CASO DE CONFLICTO?

Puedes utilizar la Comunicación No Violenta de dos maneras:

• para comunicarte contigo mismo con el objetivo de comprender lo que sientes (autoempatía);

- para comunicarte con los demás con el fin de resolver una situación conflictiva.

En el primer caso, la CNV consiste en ser consciente de tu «ser», de tu «saber», de tus emociones, de tus necesidades y de tus valores, de actuar y reafirmarte respetándote y evitando decepcionar o ser malinterpretado por los demás. En el segundo caso, consiste en una empatía y un respeto mutuo que lleva a relaciones profesionales sanas y positivas.

¿CÓMO PUEDO PONER EN MARCHA UN PROCESO DE COMUNICACIÓN NO VIOLENTA?

Para explotar lo mejor posible este método, sigue las cuatro etapas imprescindibles que lo componen:

- la observación de los hechos y de los comportamientos;
- la identificación y la expresión de los sentimientos experimentados;
- el reconocimiento y la expresión de las necesidades y de los miedos de cada uno;

- la expresión clara de las peticiones y de las acciones que hay que realizar.

¿A QUIÉN VA DIRIGIDA LA COMUNICACIÓN NO VIOLENTA?

La Comunicación No Violenta se dirige a cualquier persona que desee mejorar su relación consigo misma y con los demás, tanto en un contexto personal como profesional. Puede ser especialmente beneficiosa si te cuesta controlar tus emociones o si reaccionas con agresividad ante un conflicto.

¿QUÉ IMPACTO PUEDE TENER LA COMUNICACIÓN NO VIOLENTA EN MI VIDA PROFESIONAL?

En tu empresa, los beneficios de la Comunicación No Violenta pueden ser muchos:

- mejorar las relaciones profesionales;
- reforzar la colaboración entre compañeros;
- volver a motivar a los equipos;
- reducir el estrés;
- ganar autoconfianza y reafirmarse.

¡AHORA ES TU TURNO!

Antes de emprender un proceso CNV, primero tienes que preguntarte sobre cómo trabajas actualmente para lograr identificar los aspectos que precisan de tu atención y que pueden ser mejorados. A continuación, esfuérzate por poner en marcha el método que hemos expuesto. Muéstrate diplomático a la hora de expresar tus sentimientos y tus necesidades.

EJERCICIO 1 — EL BALANCE ACTUAL

Cuando estás en una situación de desacuerdo con alguien, ¿cómo te comportas? Escribe una cruz en la columna que se corresponda con tu reacción.

	A menudo	Raramente	Nunca
Intento situarme por encima de mi interlocutor.			
Intento llegar a un compromiso con mi interlocutor.			
Me burlo, me río, bromeo.			
Me callo y me alejo.			
Evito el problema.			
Le hago entender a mi interlocutor que no me gusta su comportamiento.			
Le pido ayuda a otra persona.			
Le pido consejo a otra persona.			

	A menudo	Raramente	Nunca
Amenazo, hago chantaje.			
Ataco verbalmente.			
Expreso mis sentimientos (pena, tristeza, cólera).			
Me someto y es el otro quien gana.			
Aplazo la decisión.			
Quiero una solución inmediatamente.			
Le devuelvo la pelota y le pongo en su sitio.			
Lloro, me lamento.			

	A menudo	Raramente	Nunca
No digo nada, pero me voy a llorar a una esquina.			
Me da rabia y me digo que no es justo.			

Analiza tus respuestas para resaltar tus puntos débiles y empezar a trabajar en ellos.

Si se te ocurren otros comportamientos, apúntalos aquí:

....

....

....

....

....

....

¿Qué se te viene a la cabeza cuando piensas en las siguientes palabras?

Violencia – Conflicto – Agresión

....

....

....

....

....

....

EJERCICIO 2 — LA APLICACIÓN DE LA CNV

Te encuentras en una situación de conflicto con alguien. Responde a las siguientes preguntas:

- ¿Qué acontecimiento desencadena las ganas de expresarse en uno y en otro? Describe los hechos con objetividad.
- ¿Cómo te sientes? Detecta tus emociones y las de tu interlocutor.
- ¿Qué necesidades transmiten tus emociones? Evita los reproches y no te pongas a la defensiva.
- ¿Cuáles son las acciones específicas que todos quieren que el otro lleve a cabo? ¿Qué estás dispuesto a hacer para que la situación se arregle? No utilices la amenaza, las órdenes o la manipulación.

EJERCICIO 3 — LA AUTOEVALUACIÓN

Completa la siguiente tabla:

Soy capaz	Sí	No	Competencias que hay que desarrollar
de abordar el conflicto con serenidad.			
de expresarme con sinceridad.			
de diferenciar observación, juicio y evaluación.			
de situarme indicando mis sentimientos y mis necesidades.			
de formular una petición clara, concreta y realista.			
de atreverme a enfrentarme con el otro.			
de invitar al otro a hablar.			

Soy capaz	Sí	No	Competencias que hay que desarrollar
de aceptar lo que el otro me dice.			
de escuchar al otro con empatía.			
de escuchar la petición del otro.			
de ajustarme a las reacciones de mi interlocutor.			
de distinguir a la persona de su comportamiento.			
de enfrentarme a la violencia física o moral.			

¡Tu opinión nos interesa!
¡Deja un comentario en la página web de tu
librería en línea,
y comparte tus favoritos en las redes sociales!

PARA IR MÁS ALLÁ

FUENTES BIBLIOGRÁFICAS

- Rosenberg, Marshall. 2006. *Dénouer les conflits par la Communication NonViolente*. Saint-Julien-en-Genevois: Éditions Jouvence.

- Rosenberg, Marshall. 2003. *La Communication NonViolente au quotidien*. Saint-Julien-en-Genevois: Éditions Jouvence.

FUENTES COMPLEMENTARIAS

- Bronckart, Véronique. 2015. *Comment donner et recevoir un feed-back constructif?* Bruselas: Éditions Lemaitre.

- Keller, Françoise. 2013. *Pratiquer la CNV au travail. La communication NonViolente, passeport pour réconcilier bien-être et performance*. París: InterEditions.

- Myers, Wayland. 2007. *Pratique de la Communication Non Violente: Établir de nouvelles relations*. Saint-Julien-en-Genevois: Éditions Jouvence.

- Portal de la Association pour la Communication NonViolente de Belgique Francophone.

Consultado el 5 de marzo de 2018. http://cnvbelgique.be/

- van Stappen, Anne. 2015. *Petit cahier d'exercices de Communication NonViolente*. Ilustrado por Jean d'Augagneur. Saint-Julien-en-Genevois: Éditions Jouvence.

www.50Minutos.es

ISBN ebook: 9782806277688

ISBN papel: 9782806285645

Depósito legal: D/2016/12603/500

Libro realizado por <u>Primento</u>, el socio digital de los editores